BEI GRIN MACHT SICH IHR WISSEN BEZAHLT

- Wir veröffentlichen Ihre Hausarbeit, Bachelor- und Masterarbeit

- Ihr eigenes eBook und Buch - weltweit in allen wichtigen Shops

- Verdienen Sie an jedem Verkauf

Jetzt bei www.GRIN.com hochladen und kostenlos publizieren

Bibliografische Information der Deutschen Nationalbibliothek:

Die Deutsche Bibliothek verzeichnet diese Publikation in der Deutschen National-
bibliografie; detaillierte bibliografische Daten sind im Internet über http://dnb.d-
nb.de/ abrufbar.

Impressum:

Copyright © 2012 GRIN Verlag, Open Publishing GmbH
Druck und Bindung: Books on Demand GmbH, Norderstedt Germany
ISBN: 9783656360285

Dieses Buch bei GRIN:

http://www.grin.com/de/e-book/202284/herstellung-eines-caipirinhas-unterweisung-
hotelfach

Robert Zach

Herstellung eines Caipirinhas (Unterweisung Hotelfach)

GRIN Verlag

GRIN - Your knowledge has value

Der GRIN Verlag publiziert seit 1998 wissenschaftliche Arbeiten von Studenten, Hochschullehrern und anderen Akademikern als eBook und gedrucktes Buch. Die Verlagswebsite www.grin.com ist die ideale Plattform zur Veröffentlichung von Hausarbeiten, Abschlussarbeiten, wissenschaftlichen Aufsätzen, Dissertationen und Fachbüchern.

Besuchen Sie uns im Internet:

http://www.grin.com/

http://www.facebook.com/grincom

http://www.twitter.com/grin_com

Unterweisungsprobe zur Eignungsprüfung der Ausbilder (nach AEVO)

Ausbilder:	Abteilung:	Datum:

Bezeichnung der zuständigen Stelle,
bei der die Unterweisungsprobe
vorgelegt wird

Prüfungsnummer des Teilnehmers:

Name und Anschrift des
Prüfungsteilnehmers

Tag der Unterweisung

Thema der Unterweisung	Erstellen eines Caipirinhas
Lernort (Ausbildungsplatz)	die Hotelbar
Ausbildungsberuf	Hotelfachmann
Zahl der Auszubildenden während der Unterweisung	1
Der Auszubildende befindet sich im	2. Ausbildungshalbjahr des 1. Lehrjahres
Das Thema ist unter folgendem Punkt (§)	§ 4 Nr. 9 b in den Ausbildungsrahmenplan einzuordnen
Zeitdauer der Unterweisung	Min. 8 bis max. 15 Minuten
Zeitraum der Unterweisung	15:00 – 16:00 Uhr
Ausbildungsmittel	Beverage Glas Barlöffel, Bar Zange Messer, Schneidebrett Jigger, Eisschaufel Cachaca Brauner Rohrzucker, Limetten Crushed Ice

Struktur des Unterweisungsablaufs

I. Vorbemerkungen

1. Beschreibung der Ausgangssituation

1.1 Der Ausbilder

Der Ausbilder ist xx Jahre alt und von Beruf gelernter Hotelfachmann. Zum gegenwärtigen Zeitpunkt besucht er die xxx. Des Weiteren strebt er xxx an, um mehr Fachkompetenz und Führungsqualitäten zu erlangen.

Der Ausbilder wird den demokratischen Führungsstil anwenden. Er bezieht seine Mitarbeiter in das Betriebsgeschehen mit ein und er erlaubt Diskussionen und erwartet sachliche Unterstützung. Bei Fehlern wird in der Regel nicht bestraft, sondern geholfen. Durch Delegation wird Verantwortung übertragen, dass den Auszubildenden zusätzlich motiviert. Während der gesamten Unterweisung wird der Ausbilder mit dem Auszubildenden per „Du" sein. Besondere pädagogische Gewichtung legt er auf das Lob; es motiviert die Auszubildenden und fördert zu gleich Eigeninitiative.

1.2 Der Auszubildende

Der Auszubildende ist xx Jahre alt und befindet sich im zweiten Ausbildungshalbjahr des ersten Lehrjahres.

Herr xx hat einen Realschulabschluss mit einem Notendurchschnitt von 1,8 erworben. Während eines vierwöchigen Hotelpraktikums in unserem Haus konnte er schon erste Erfahrungen in der Gastronomie sammeln. Dadurch verfestigte sich sein Wunsch eine Ausbildung zum Hotelfachmann zu absolvieren und er knüpfte hier bereits erste Kontakte zum späteren Ausbildungsbetrieb.

Privat wohnt Herr xx noch zu Hause bei seinen Eltern. Er trifft gern Freunde, geht ins Kino und spielt Fußball in seiner Freizeit. In seinem Ausbildungsbetrieb zeigt sich Herr xx interessiert, engagiert und hilfsbereit. Er begreift neue Zusammenhänge und Themengebiete schnell, arbeitet sowohl im Team als auch allein sehr gut. Auch seine Leistungen in der Berufsschule sowie bei internen Schulungen sind durchweg gut.

Er wurde bisher ausgebildet:
- In der Bankettabteilung für 3 Monate
- In der Abteilung Restaurant für 3 Monate
- In der Abteilung Etage für 2 Monate
- In der Abteilung Rezeption für 3 Monate

Zurzeit erfolgt die Ausbildung in der Abteilung Bar. Dem Auszubildenden ist durch vorangegangene, praktische Unterweisungen bekannt, wie man Getränke fachgerecht serviert, Ausbildungsmittel der Bar benennt und die Hygiene am Arbeitsplatz beachtet. Das theoretische Zubereiten von Getränken wurde während des Berufsschulunterrichts vermittelt.

2.   Beschreibung der Lernziele

2.1   Gesamtlernziel

Der Auszubildende soll in der Unterweisung lernen, in möglichst kurzer Zeit, das selbstständige und fachgerechte zubereiten eines Caipirinhas zu beherrschen. Da er das beherrscht, ist vorausgesetzt das er die verschiedenen Unterweisungsmittel nennen kann.
Dabei soll der Auszubildende schnell und zuverlässig arbeiten. Er wendet Fachwissen an, und kommt auch in Stress-Situationen mit seinem Aufgaben und Tätigkeiten souverän zurecht. Damit der Auszubildende engagiert die neue Aufgabe lernt, erläutert der Ausbilder die damit verbunden Vorzüge.
So ist die Unterweisung eine Gelegenheit das Fachwissen in der Bar zu erweitern; der Auszubildende erlangt somit bei den anderen Auszubildenden wie auch Kollegen Anerkennung und kann wesentlich selbstbewusster arbeiten.
Durch üben und Ausprobieren sollte der Auszubildende am Ende seiner Ausbildung, in der Lage sein, einen Caipirinha selbständig und fachgerecht zuzubereiten.

2.2   Feinlernziele

2.2.1 kognitive Lernziele
- Der Auszubildende ist in der Lage die einzelnen Arbeitsschritte zu verstehen (Was, Wie, Warum)
- Der Auszubildende kann ohne Hilfsmittel, den Aufbau des Getränkes, seine Rezeptur, Zubereitung, Inhaltsstoffe und die benötigten Arbeitsmittel nennen.

2.2.2 psychomotorische Lernziele
- Der Auszubildende ist in der Lage fachgerecht mit Spirituosen und alkoholfreien Getränken umzugehen.
- Der Auszubildende kann, mit Hilfe des Messbechers Spirituosen einschenken und fachgerecht abmessen. (Einhalten der Maßgenauigkeit)
- Der Auszubildende kann in der richtigen Reihenfolge der Zutaten einen Caipirinha zubereiten.
- Der Auszubildende ist in der Lage, mit dem Messer und der Bar Zange eine Standartgarnitur herzustellen.
- Der Auszubildende kann Fertigkeiten aus vorangegangen Unterweisungen weiter festigen

2.2.3 affektive Lernziele
- Größere Sorgfalt in der Ausführung wird erreicht
- Motivation zu Ordnung und Sauberkeit wird gesteigert
- Kritische Überprüfung der eigenen Arbeit wird gefördert
- Freude am guten, erreichten Ergebnis stimulieren, Motivation durch neue Herausforderung, Festigung der Persönlichkeit durch Erfolg

2.3 Motivation

Ein motivierter Auszubildender ist der beste Garant für eine erfolgreiche Ausbildung. Deshalb ist die Motivation durch seinen Ausbilder ein wichtiger Gesichtspunkt, da der Auszubildende somit Freude an seiner Arbeit vermittelt bekommt. Nichts motiviert mehr als Lob und Anerkennung. Dabei müssen es nicht immer Spitzenleistungen sein, auch kleine Lernerfolge verdienen Lob. Man sollte immer daran denken, dass der Auszubildende „nur" in der Schule war und das Arbeitsleben nicht kennt; dies gilt sowohl für Jugendliche als auch für volljährige Auszubildende. Nur ein motivierter Ausbilder kann auch seinen Auszubildenden motivieren.

3. Ort der Unterweisung

Die Unterweisung findet an einem Dienstag an der Hotelbar statt. Hier sind alle notwendigen Arbeitsgeräte und –mittel vorhanden. Dieser Gastronomiebereich wird erst am späten Nachmittag geöffnet und ist somit ideal, um eine störungsfreie Arbeitsatmosphäre zu gewährleisten.

4. Lernzeit

Der Zeitraum der Unterweisung nimmt ca. 8 – 15 Minuten in Anspruch. In der Zeit von 15:00 Uhr bis 16:00 Uhr findet diese statt. Der Auszubildende kann sich zu diesem Zeitpunkt voll auf die Unterweisung konzentrieren, da sich die biologische Leistungskurve im Verlauf der Woche hier am höchsten darstellt.

5. Unterweisungsmethode

Die Vier-Stufen-Methode eignet sich besonders bei dieser Lehrunterweisung, da der Auszubildende mit mehreren Sinnen beim Erlernen beteiligt ist, was einen nachhaltigen Lerneffekt verspricht. Bei dem Thema der Unterweisung verspricht diese Methode auch die höchste Zeiteffizienz. Eine reine Demonstration hätte demgegenüber den wesentlichen Nachteil, dass der psychomotorische Lernbereich nicht angesprochen würde. Die Umsetzung der Theorie in die Praxis ist aber das wesentliche Lernziel dieser Unterweisung. Die Leittextmethode eignet sich hier nicht, da die zur Verfügung stehende Zeit zu knapp ist.

Vier-Stufen-Methode/Einzelunterweisung

1. Stufe: Vorbereiten des Auszubildenden
2. Stufe: Vormachen und Erklären durch den Ausbilder
3. Stufe: Nachmachen und erklären lassen
4. Stufe: Selbstständiges Anwenden und Üben des Gelernten

Das Thema der Unterweisung:
„Zubereitung eines Caipirinha" ist am besten in einer Einzelunterweisung zu erarbeiten

6. Ausbildungsmittel

Folgende Arbeitsmittel wurden für die Vermittlung der Lerninhalte gewählt:

- 1x Cachaca
- 5x Limetten
- Crushed Ice
- 1x Brauner Rohrzucker
- 6x Strohhalm
- 3x Beverage Glas
- 1x Barlöffel
- 1x Bar Zange
- 1x Stößel
- 1x Jigger
- 1x Eisbehälter
- 1x Arbeitsbrett aus Kunststoff
- 1x Schneidemesser
- 1x Eisschaufel

II. Ablauf der Unterweisung:Vierstufenmethode

1.Stufe: **Vorbereiten durch den Ausbilder**

Vorbereitung:
In der ersten Stufe ist vorwiegend der Ausbilder aktiv. Er legt die Ausbildungsmittel bereit. Die Anordnung der Arbeitsmittel soll logisch, praktisch und vor allem übersichtlich sein. Hierdurch kann die Unterweisung ungestört ablaufen und der Auszubildende kann sich ganz auf die neue Aufgaben konzentrieren.

Begrüßung:
Wenn der Auszubildende den Unterweisungsort betritt, so wird er von dem Ausbilder herzlich begrüßt. Ein lockeres Gespräch baut die Spannung ab und nimmt die Befangenheit.
Wichtig ist, dass der Ausbilder an die vorausgegangene Unterweisung (Hygiene am Arbeitsplatz, benennen der Bar Ausbildungsmittel), anknüpft. Der Auszubildende wiederholt noch einmal alle wesentlichen Punkte, die bei der letzten Unterweisung besprochen wurden. Erkennt der Ausbilder noch Unklarheiten, so wird kurz darauf eingegangen.

Unterweisungsthema:
Im Anschluss daran stellt der Ausbilder das Thema der heutigen Unterweisung vor, „Herstellung eines Caipirinhas".
Damit der Auszubildende mit Engagement und Freude an die neue Aufgabe herantritt, erklärt der Ausbilder was man mit einem Caipirinha alles machen kann.
(z.B. Kreation von neuen Rezepten für die Bar Karte)
Die erworbenen Kenntnisse können auch im privaten Bereich eingesetzt werden, und dadurch wird der Auszubildende zusätzlich motiviert.

Motivation:
Alle oben angeführten Gründe motivieren den Auszubildenden, an das neue Unterweisungsthema mit Freude und Engagement heranzugehen; Sie wecken Interesse und der Auszubildende wird die Unterweisung aufmerksam verfolgen.

2. Stufe: Vormachen und erklären

Zunächst wendet sich der Ausbilder den vorbereiteten Arbeitsmitteln zu. Sorgfältig erklärt er alle Gegenstände, insbesondere die, mit denen der Auszubildende noch nicht gearbeitet hat, bzw. die er nicht kennt.
Im nächsten Unterweisungsschritt macht der Ausbilder alle erforderlichen Arbeitsschritte einmal vor. Dabei erklärt er, was, wie und warum er gerade tut.

- Limetten achteln
- Rohrzucker und Limettenachtel ins Gästeglas geben
- Mit Hilfe eines Stößels werden die Fruchtstücke angepresst
- Mit dem Barlöffel werden die Fruchtstücke und der Zucker kurz verrührt
- Cachaca einfüllen
- Zutaten erneut verrühren
- Glas mit zerstoßenem Eis auffüllen

3. Stufe: Nachmachen und erklären

Der Auszubildende:
Der Auszubildende hat dem Ausbilder während der 2.Phase genau zugehört und beobachtet. Er macht nun alle Arbeitsschritte nach und gibt jeweils die passenden Erklärungen dazu.

Der Ausbilder:
Die Aufgabe des Ausbilders ist es nun, alles zu beobachten und gegebenenfalls zu bestätigen. Anhand der Erklärungen erkennt der Ausbilder, ob der Auszubildende auch tatsächlich den Sinn verstanden hat, oder ob er schlicht „imitiert", d.h. seine Handlungen wären nur zufällig richtig.

Fehler:
Kleine Fehler werden nicht korrigiert, denn sie beeinträchtigen nicht in so großem Maße das Ergebnis der Unterweisung. Sie werden nach der Beendigung aller Arbeitsschritte zur Sprache gebracht und reguliert. Bei groben Fehlern dagegen greift der Ausbilder sofort berichtigend ein.

4. Stufe: Selbstständig Üben lassen

Zweck der vierten Phase ist es, dass der Auszubildende die Gelegenheit erhält, das Erlernte zu üben. Hierdurch wird sowohl Handlungsfähigkeit als auch die Arbeitssystematik vertieft und angewandt.

Arbeitsauftrag:
In diesem Zusammenhang erteilt der Ausbilder zur Übung einen Arbeitsauftrag, der exakt auf das Thema der Unterweisung abgestimmt ist. „Vorbereitung von 100 Caipirinhas für die heutige Veranstaltung"

Hilfe:
Während der Übungsphase kann sich der Auszubildende an eine Fachkraft wenden um etwaige Fragen zu klären. Peter Nasser.

III. Schlussbesprechung

Die Schlussbesprechung rundet die Unterweisung ab.
Der Ausbilder bedankt sich dem Auszubildenden für seine Aufmerksamkeit und für seine Mitarbeit. Als Resümee werden die eventuell gemachten Fehler besprochen.

Arbeitsblätter und Berichtsheft:
Zum Thema der Unterweisung überreicht der Ausbilder noch Arbeitsblätter, mit der Bitte diese zu lesen und zu erarbeiten. Gleichzeitig wird der Auszubildende darauf aufmerksam gemacht, das heutige Unterweisungsthema in seinem Berichtsheft einzutragen.

Thema der nächsten Unterweisung:
Zuletzt gibt der Ausbilder das Thema der nächsten Unterweisung bekannt:
„Fachgerechtes zubereiten eines Touchdowns"

IV. Anhang

1. Arbeitszergliederung Herstellung eines Caipirinhas

Lernschritte Was?	Kernpunkte Wie?	Begründung Warum?
1. Hände waschen und desinfizieren	Im Waschbecken mit Desinfektionslotion für die Hände, dann mit Einwegpapierhandtücher abtrocknen	Aus hygienischen Gründen, da die Limetten direkt mit den Händen in Berührung kommen
2. Arbeitsbrett vorbereiten	Das Brett mit klarem Wasser abwaschen	Aus hygienischen Gründen, da die Limetten direkt mit dem Brett in Berührung kommen und es könnten noch Spülmittelspuren oder Gerüche enthalten.
3. Limetten waschen	Im Waschbecken mit heißem Wasser abwaschen.	Aus hygienischen Gründen, da die Limettenschalen behandelt sind und Pestizide enthalten.
4. Limettenenden abschneiden	Mit einem scharfen Messer werden die Limettenenden abgetrennt.	Aus Geschmacksgründen, da die Enden Bitterstoffe enthalten, die das Aroma des Cocktails beeinträchtigen.
5. Limetten achteln und ins Gästeglas geben	Mit einem scharfen Messer werden die Limetten erst halbiert und dann geviertelt	Aus Gründen der Ästhetik
6. Limetten im Gästeglas zerstampfen	Mit einem Stößel	Der charakteristische Limettengeschmack entsteht hauptsächlich beim Zerstampfen durch den Austritt ätherischer Öle aus der Schale
7. zwei bis drei BL brauner Zucker hinzugeben und verrühren	Mit einem Barlöffel	Zum süßen. Der Saft aus der Limette sollte den Zucker komplett auflösen.
8. 6 cl Cachaca hinzufügen und nochmals vermischen	Mit einem Jigger 6cl Cachaca abmessen und mit einem Barlöffel vermischen.	Damit sich der Zucker möglichst komplett aufgelöst hat.
9. Glas mit zerstoßenem Eis auffüllen	Mit einer Eisschaufel	Das Glas wird aus hygienischen Gründen mit einer Eisschaufel aufgefüllt, da ansonsten ein direkter Hautkontakt mit dem Eis stattfinden würde.
10. 2 Strohhalme in das Gästeglas geben	Mit einer Bar Zange.	Aus hygienischen Gründen setzt man mit einer Bar Zange die Strohhalme ins Gästeglas.

Bild einkleben

Caipirinha

- eine Limette
- 2 - 3 BL Rohzucker
- 5-6 cl Cachaca
- zerstoßenes Eis

1. Eine Limette gründlich waschen, die Enden abschneiden und achteln.

2. Die Limettenachtel in ein Cocktailglas mit festem Boden geben, den Rohrzucker hinzufügen und mit einem Stößel die Limetten ordentlich zerdrücken, bis der Limettensaft den Zucker vollständig aufgelöst hat.

3. Das Glas bis kurz unter den Rand mit Crushed Ice auffüllen und den Cachaça dazu geben. Mit dem Barlöffel verrühren und den Caipirinha mit 2x Strohhalmen servieren.